ATRIUM

ERICH KÄSTNER

DIE ENTLARVUNG DES OSTERHASEN

Geschichten und Gedichte

Herausgegeben von Sylvia List

Atrium Verlag · Zürich

MIX
Papier aus verantwortungsvollen Quellen
FSC® C014496

Erstausgabe
3. Auflage 2016

Umschlagillustration: Christoph Niemann, 2013
Druck und Bindung: GGP Media GmbH, Pößneck
Printed in Germany 2014
ISBN 978-3-85535-392-7

www.atrium-verlag.com

Inhalt

Von Osterhasen und Frühlingsblumen

Vorbemerkung von Sylvia List

> Der Tapferste legt eine Bonbonniere.
> Er blickt dabei entschlossen ins Leere.
> Bonbonnieren sind leichter gesagt als getan.
> Erich Kästner, *Der April*

Ostern ist ein heiteres Familienfest. Den Erwachsenen macht es Spaß, den Osterhasen zu spielen und Eier zu verstecken, und die Kinder gehen mit Feuereifer und mit Begeisterung daran, die Verstecke aufzuspüren. Und wenn die Kinder größer geworden sind und der Osterhasenglaube sich verloren hat – wann und wie weiß man meist nicht –, dürfen sie mithelfen, Eier zu färben oder zu bemalen (»Ostereiermalen ist nämlich unser Schönstes!«), dürfen selber welche verstecken und trotzdem immer noch welche suchen.

Dieses Märchenhaft-Spielerische am Osterhasenglauben hat Erich Kästner offenbar geliebt, sonst hätte er es in dem Monatsgedicht *Der April* nicht so bezaubernd beschreiben können.

Umso mehr versteht man seinen nachhaltigen Groll auf Herrn Bremser, seinen ansonsten so geschätzten Klassenlehrer, der ihm jäh und allzu früh den Osterhasenglauben genommen und ihm damit »die ganze Kindheit hinterrücks erschossen« hat *(Die Entlarvung des Osterhasen, Osterfestrede)*. Dem kleinen Erich ist es wohl ergangen wie dem kleinen Jungen in *Ein nachdenklicher Festgesang*, auch er ein Opfer verfrühter Aufklärung: »Mäxchen sitzt indes im Zimmer / und er weint und flüstert immer / mit dem ängstlichsten Gesicht: / ›Osterhasen gibt es nicht.‹«

Nimmt man einem Kind den Glauben an den Nikolaus oder den Weihnachtsmann, muss es keine Angst mehr vor den beiden haben, und die Weihnachtsfreude wird dadurch eher größer und unbeschwerter. Nimmt man einem kleinen Kind aber den Osterhasenglauben, ist es gestraft: Denn das mit den von Hasen gelegten und versteckten Eiern ist ja Erwachsenenhokuspokus, also muss es sich bockig dem verweigern. Womit auch den Erwachsenen das Ostervergnügen genommen ist.

In späteren Jahren, als Kästner schon in Berlin lebt, ändern sich altersgemäß die familiären Osterbräuche: Er schenkt seiner Mutter »Osterhasenschokoladenkästchen« – die »Bonbonnieren« aus *Der April* –, vorzugsweise aus der Berliner Edelconfiserie Hamann. Und seine Mutter schickt ihm Frühlingsblumen – Schneeglöckchen, Primel- und Krokusstöckchen, Vergissmeinnicht – und kann sich sicher sein, dass sie ihm damit große und anhaltende Freude macht.

Diese lebenslange Liebe zu den bescheidenen Blumen, die oft viel anmutiger sind als prachtvolle Züchtungen, und die Kennerschaft auf diesem Gebiet verdankt Kästner wahrscheinlich seiner Mutter, auch wenn er das nirgends explizit erwähnt. In seinem Münchner Garten gediehen »Rosen und Veilchen und Tulpen und

Schneeglöckchen und Narzissen und Hahnenfuß und Männertreu und Glockenblumen und meterhohe blühende Gräser, die der Sommerwind streichelt«. An den Rändern des Bachs, der durch sein Grundstück floss, sollte Kresse wachsen. Ich wüsste aus den fünfziger Jahren keinen anderen Gartenplan, in dem der »Pool« – unverzichtbares Statussymbol jener Zeit – den gleichen Stellenwert hat wie die schlichte Kresse.

Ostern und Frühling gehören untrennbar zusammen. Und so sind hier die Ostertexte von Frühlingsgeschichten und -gedichten gewissermaßen österlich umkränzt. Die *Baumblüten-Philosophie* ist eine vor Übermut sprudelnde Beschwerde des gerade 24-Jährigen über die entsetzlich umständliche Natur, *Frühling in Berlin* die liebevoll-ironische Schilderung großstädtischen Vorfrühlings zwischen Gänsehaut und Sonnenbrand. Und lässt sich die Hochstimmung, in die ein strahlend leuchtender Frühlingstag die Menschen versetzt, schöner sagen als mit »Die Seelen laufen Stelzen durch die Stadt« in *Besagter Lenz ist da?* »Es ist zwar jedes Jahr dieselbe Sache«, heißt es weiter, »doch es ist immer wie zum ersten Mal«.

Die ganze in den schrecklichen Kriegsjahren angestaute Frühlingssehnsucht Kästners bricht sich Bahn im Anfang April 1946 entstandenen Text *Frühling an der Bergstraße*. Nirgendwo sonst äußert er sich so hingerissen und begeistert über das Ergrünen und Aufblühen der Natur. In *Gespräch im Grünen* von 1948 ist der Ton schon wesentlich verhaltener, aber es ist deutlich zu spüren, wie sehr der Frühling über den kargen Alltag hinwegzutrösten vermag.

Das so zaghaft blühende *Mandelbäumchen* könnte Kästner erstanden haben, um es in seinem damals noch unfertigen Garten in der Flemingstraße zu pflanzen.

Den Band beschließen die märchenhafte, aber auch etwas verstörende Geschichte *Paula vorm Haus* und das so überschwängliche wie sanft melancholische Gedicht vom *Mai,* dem »Mozart des Kalenders«, der lächelnd in seiner Kutsche vorüberrollt, um dem Sommer den Weg zu bereiten.

München, Januar 2013 Sylvia List

Zeichnung Erich Kästner

Der April

Der Regen klimpert mit einem Finger
die grüne Ostermelodie.
Das Jahr wird älter und täglich jünger.
O Widerspruch voll Harmonie!

Der Mond in seiner goldenen Jacke
versteckt sich hinter dem Wolken-Store.
Der Ärmste hat links eine dicke Backe
und kommt sich ein bisschen lächerlich vor.
Auch diesmal ist es dem März geglückt:
Er hat ihn in den April geschickt.

Und schon hoppeln die Hasen,
mit Pinseln und Tuben
und schnuppernden Nasen,
aus Höhlen und Gruben
durch Gärten und Straßen
und über den Rasen
in Ställe und Stuben.

Dort legten sie Eier, als ob's gar nichts wäre,
aus Nougat, Krokant und Marzipan.
Der Tapferste legt eine Bonbonniere.
Er blickt dabei entschlossen ins Leere.
Bonbonnieren sind leichter gesagt als getan.

Dann geht es ans Malen. Das dauert Stunden.
Dann werden noch seidene Schleifen gebunden.
Und Verstecke gesucht. Und Verstecke gefunden:
Hinterm Ofen, unterm Sofa,
in der Wanduhr, auf dem Gang,
hinterm Schuppen, unterm Birnbaum,
in der Standuhr, auf dem Schrank.

Da kräht der Hahn den Morgen an!
Schwupp, sind die Hasen verschwunden.
Ein Giebelfenster erglänzt im Gemäuer.
Am Gartentor lehnt und gähnt ein Mann.
Über die Hänge läuft grünes Feuer
die Büsche entlang und die Pappeln hinan.
Der Frühling, denkt er, kommt also auch heuer.
Er spürt nicht Wunder noch Abenteuer,
weil er sich nicht mehr wundern kann.

Liegt dort nicht ein kleiner Pinsel im Grase?
Auch das kommt dem Manne nicht seltsam vor.
Er merkt gar nicht, dass ihn ein Osterhase
auf dem Heimweg verlor.

Frühling in Berlin

Nun lässt der Frühling sein Blauband wieder flattern, und Berlin mag sich nicht ausschließen. Die in die Literatur eingegangenen Blumenfrauen vom Potsdamer Platz verbreiten bereits ihre Düfte. Und auch die andere blumige Ecke, der Tauentzien bei der Gedächtniskirche, riecht nach Lenz und Benzin.

Diese Kirche steht nicht nur im Mittelpunkt des Westens, sondern auch in dem des allgemeinen Interesses. Man trifft sich vor ihr, man nennt Revuen nach ihr; man schimpft auf sie, weil sie den Autos im Wege ist; man regt an, sie abzureißen und anderswo wieder aufzubauen; man lässt sich in ihr trauen. Sie könnte der Dom des Westens heißen, doch man nennt sie, unehrerbietig, wie man hier nun schon ist, die »Kino-Kirche«, weil sie rings von den Filmpalästen des Westens eingekreist wurde. Wie ein Museum liegt sie da. Zweihunderttausend Autos sausen täglich an ihr vorbei. Zwanzig- oder dreißigtausend Menschen laufen in die umliegenden Kinos – die Kirche steht stramm und leer.

Der Frühling geht, wie ein Lied fachmännisch behauptet, ins Blut. – Die Blumen schimmern und duften. Die Kellner rücken Tische und Stühle auf die Terrassen der Cafés. Und in den ersten Nachmittagsstunden sitzen die ersten keinen Schnupfen fürchtenden Gäste am Straßenrand.

Wie neu das wieder einmal ist! Die Vorübergehenden nicken den Sitzenden ein wenig zu, lächeln kameradschaftlich; und die

Sitzenden geben den stillen Gruß belustigt zurück. Der unpolitische Anschlussgedanke gewinnt Anhänger. Die jungen Mädchen tragen kleine Strohhüte und großes Verlangen, Erfahrungen zu sammeln. Die jungen Herren haben feurige Augen und gehen schon wieder ohne Weste.

Die Autodroschken fahren ohne Limousine. Auf den vielen Grünplätzen der Stadt versammeln sich die Kinderwagen. Die jungen Mütter stehen in Gruppen zusammen und weiden sich am Gesang und Geschrei der tanzenden Sprösslinge. Die Neugeborenen des Winters werden zum ersten Male der frischen Luft vorgestellt; sie liegen platt auf dem Rücken und staunen. Man möchte wieder einmal solche großen Augen machen können.

Der Frühling ist im Gange. Man spürt ihn überall, im Blut, am Blick, an der Kleidung – nur ob die Natur schon so weit ist, weiß man nicht genau. Die Bäume in den Alleen und die Sträucher der Vorgärten schlafen noch. Aber vielleicht sind das gar keine richtigen Bäume? Vielleicht sind es nur Attrappen, die man am 1. April gegen fertig geliefertes Grün beim Landschaftsgärtner umtauscht? Man ist hier vor keiner Überraschung sicher.

Aber die Berliner sind ein durchaus naturliebender Volksstamm. Sie haben zu ihren Stadtbäumen, in deren Zweigen noch immer, von Silvester her, bunte Papierschlangen hängen, gar kein Zutrauen. Sie besteigen die Bahnen und fahren in den immergrünen Grunewald, an die Seen der Umgegend oder in irgendeine Sommerwirtschaft, welche mit frisch gestrichenen Gartenstühlen aufwartet.

Schon knattern wieder die vielgepriesenen Butterbrotpapiere über den Waldboden, noch etwas steif gefroren. Schon probt man

Völkerwanderung für die kommenden Sonntage; liegt bescheiden in den kühlen Sonnenstrahlen; lockt kleine Vögel, als riefe man Fleischerhunde, und schimpft über den Staub der Landstraßen. Man wird nicht Ruhe geben, bis der Grunewald asphaltiert ist und die Vögel nette Schilder umhaben, auf denen zu lesen ist, wie sie heißen.

Die Seen entledigen sich ihrer Eisdecke bruchstückweise. Ich sah auf dem Grunewaldsee noch Schlittschuhläufer, und wenige Schritte von ihnen lagen die Paare in Trikots am Ufer und spielten Sonnenbad. Es ist die Frage, wozu mehr Mut gehört: auf dem See, der schon halb aufgetaut ist, eiszufahren oder an seinem Rande, im Badeanzuge, auf dem Bauch zu liegen. Ich für meine Person zöge es vor, wenn ich schon zwischen beiden wählen müsste, im Trikot Schlittschuh zu laufen. Wenn man sich schon erkälten will, soll man's gründlich besorgen. […]

April, April!

> Die Hühner fühlten sich plötzlich verpflichtet,
> statt Eiern Apfeltörtchen zu legen.
> Die Sache zerschlug sich. Und zwar weswegen?
> Das Huhn ist auf Eier eingerichtet.
> (So wurde schon manche Idee vernichtet.)
> Erich Kästner, *Aktuelle Albumverse II*

Dies ist der Tag der faulen Witze.
Die Redakteure sind fidel.
Die Zeitung lacht aus jeder Ritze.
Sie stopft Bonbons in die Geschütze,
zeigt auf dem Zweirad ein Kamel
und Hermann Müller ganz in Tüll.
Der Leser soll vor Lachen bersten.
Einmal pro Jahr. Und zwar am ersten
April.

Da lässt sich nichts dagegen machen.
Von vorn und hinten – nichts als Spaß!
In Wort und Bild – die tollsten Sachen!
Ich musste selber mächtig lachen,
als ich die Zeitung sah und las.
Doch plötzlich wurde ich sehr still …
Das, was ich las, war gar kein Scherz!
Die Zeitung war von Ende März,
nicht vom April.

Und was ich las von den Parteien,
von der Zensur, vom Zeppelin,
von Börsensturz und Schweinereien –
war ernst gemeint und nicht zum Schreien.
Obwohl es nur erfunden schien.
Ja, Witze fallen dem am schwersten,
der sie freiwillig machen will …
Lacht jeden Tag! (Nur nicht am ersten
April.)

Baumblüten-Philosophie

Die Philosophie und die Dummheit sind so alt wie die Menschen ... Und die Philosophie ist im Grunde nichts andres als eine raffinierte und umständliche Form von Dummheit. Da hat es zum Beispiel früher einmal einen Philosophen gegeben, der behauptete, die Welt, in der zu leben wir das zweifelhafte Vergnügen haben, sei die bestmögliche aller denkbaren Welten. Man kann dem lieben Gott kein gewagteres Kompliment machen. Zur Strafe benannte man nach diesem Philosophen die Leibniz-Kekse. Wie sehr er unrecht hatte, lehrt die einfache Naturbetrachtung. Lassen Sie mich diesen »botanischen« Gegenbeweis führen! Ganz schlicht und voraussetzungslos.

Es wird nur vorausgesetzt, dass Ihnen die beliebten Naturprodukte bekannt sind, die man unter dem Begriff »Obst« zusammenzufassen pflegt. Das kann man verlangen! ... Der liebe Gott erfand das besagte Obst, um dem Menschen eine Freude zu machen. Das Einfachste wäre ja nun: Das Obst wüchse, im Bedarfsfalle, im Speisegewölbe auf den eigens dazu bestimmten Fruchttellern. Jeder einigermaßen normale Mensch muss mir beipflichten!

Stattdessen? Man bedenke: Das Obst wächst weder in Schüsseln noch in Versandkisten, sondern auf mehrfach gegabelten Holzgestellen, die man »Bäume« nennt. Damit aber noch nicht genug! Erstens wächst Obst nicht auf allen Bäumen. Sondern nur auf besonders dieserhalb hergestellten Obstbäumen! Zweitens wächst auf jedem Obstbaum nur eine ganz bestimmte Sorte Obst. Damit sich das Leiterklettern kompliziert. Drittens wächst diese eine Sorte Obst auf der einen Sorte von Bäumen nur in einer eng begrenzten Jahreszeit. Spätsommer. Oder auch Frühherbst betitelt.

Vielleicht wäre es noch zum Aushalten. Man wüsste einfach: Bis Ende September sind die Bäume kahl. Und, sagen wir, am 1. Oktober hängen die Birnen dran. Stattdessen geht der Unfug bereits Ende April los! Die ganze Zeit über, von April bis Oktober, gibt es kein Obst. Sondern? Es muss sich erst – entwickeln …

Entwicklung ist das Prinzip des größtmöglichen Umwegs. Je umständlicher, umso besser. Zum Verzweifeln langweilig! Aber man kann nichts machen, sondern entwickelt sich gleichfalls. Leider.

Um auf unser Obst zurückzukommen! Eines Tages verändert sich das gleichfalls grüne Aussehen der Bäume. Zunächst sieht es aus, als ob sie Sommersprossen bekämen. In ihren grünen Gesichtern. Die Hautkrankheit nimmt zu. Und dann ist es, als hätte es über Nacht blutstillende Watte geregnet. Man ist dahin übereingekommen, diese merkwürdige Naturerscheinung »Baumblüte« zu nennen. Oder auch »Baumblut«. Es ist ferner üblich, zur Zeit dieser Baumblut divisionsweise die Landstraße entlang zu wandeln. Dort »entwickelt« man seine Butterbrotpakete. Isst Streuselkuchen. Und gießt aus sehr großen Kannen Kaffee in sehr große, dickwandige Tassen.

Der Städter schätzt derartige Ausflüge ungemein. Da es reizvoll ist, seine sämtlichen Bekannten auch mal anderswo als gewöhnlich zu treffen. Man strickt Strümpfe; man politisiert; man hält die Kinder ab. Um abends mit der Eisenbahn »zurückzustehen« … Wird man am andern Morgen teilnehmend gefragt, wo man sich seinen Bronchialkatarrh zugezogen habe, so sagt man schlicht: »Wir waren gestern nur in der Baumblut.« Dann nickt der andre bloß. Und sagt: »Meine Frau hat's auch daher.«

Während also die Bäume derart grauweiß und rosa wattiert sind, ist es nötig, dass die Sonne scheint; dass ein leichter Wind weht; und in manchen Fällen: dass sich Bienen und andere Insekten auf die Watte setzen. Ist das geschehen, so wird die Baumblüte schmutzig braun. Fällt ab. Und die Bäume tun, als wäre gar nichts gewesen. Nur ist es mittlerweile Juni geworden. (Gott, wie umständlich!)

Wenn alles klappt, bemerkt man nach längerer Zeit an den Zweigen kleine hässliche grüne Knoten. Die etwas größer gewordenen Knoten nennt man auch »unreifes« Obst. Dieses hat den Zweck, unschuldigen Kindern den Magen zu ruinieren. Der übriggebliebene Teil der grünen Knoten wird dann allmählich und endlich – genießbares Obst. Wenn es der Hagel nicht herunterschlägt. Und wenn es niemand maust.

Vorausgesetzt, dass es kein Winterobst ist. Denn das muss erst in einem geeigneten Keller lagern. Es gibt aber keine geeigneten Keller. Aber dann darfst du deine Birne essen. Es wird naturgemäß eine Made drin sein. Mach dir nichts draus!

Wer hat jetzt noch die Stirn, von zweckmäßiger Weltordnung zu reden? Hm? Ich sehe ihn nicht mehr an!

Ich hoffe, er wird das ertragen können …

Besagter Lenz ist da

Es ist schon so. Der Frühling kommt in Gang.
Die Bäume räkeln sich. Die Fenster staunen.
Die Luft ist weich, als wäre sie aus Daunen.
Und alles andre ist nicht von Belang.

Nun brauchen alle Hunde eine Braut.
Und Pony Hütchen sagte mir, sie fände:
die Sonne habe kleine, warme Hände
und krabble ihr mit diesen auf der Haut.

Die Hausmannsleute stehen stolz vorm Haus.
Man sitzt schon wieder auf Caféterrassen
und friert nicht mehr und kann sich sehen lassen.
Wer kleine Kinder hat, der fährt sie aus.

Sehr viele Fräuleins haben schwache Knie.
Und in den Adern rollt's wie süße Sahne.
Am Himmel tanzen blanke Aeroplane.
Man ist vergnügt dabei. Und weiß nicht wie.

Man sollte wieder mal spazieren gehn.
Das Blau und Grün und Rot war ganz verblichen.
Der Lenz ist da! Die Welt wird frisch gestrichen!
Die Menschen lächeln, bis sie sich verstehn.

Die Seelen laufen Stelzen durch die Stadt.
Auf dem Balkon stehn Männer ohne Westen
und säen Kresse in die Blumenkästen.
Wohl dem, der solche Blumenkästen hat!

Die Gärten sind nur noch zum Scheine kahl.
Die Sonne heizt und nimmt am Winter Rache.
Es ist zwar jedes Jahr dieselbe Sache,
doch es ist immer wie zum ersten Mal.

Frühling an der Bergstraße

Die letzte Station vor Darmstadt, dem Ziel der kleinen Reise, hieß Heidelberg. Früher war Heidelberg weit und breit wegen seiner Ruinen berühmt. Heute hingegen bestaunt man's, weil es keine Ruinen aufzuweisen hat. So ändern sich die Zeiten. So wenig hat sich die Stadt am Neckar verändert. Darmstadt aber …

Darmstadt existiert im Grunde nicht mehr. Es wurde in einem Zwanzigminutenangriff aus der Welt geschafft. […] Die vernichtete Stadt liegt da wie ein totes Schmuckkästchen. Die Trambahn fährt von einem zum anderen Stadtende wie über einen feiertäglich geharkten Friedhof. Die Überlebenden sind in die erhaltenen Randgebiete gezogen, in die Vororte, in die weitere Umgebung. […]

Die Fahrt von Heidelberg nach Darmstadt ist in den letzten Märztagen, auch wenn man weiß, welcher schmerzliche Anblick am Ziele die Augen und das Herz erwartet, beseligend wie immer. Die alte »Bergstraße« ist ja die Via triumphalis des deutschen Frühlings! Hier zieht er, vergangenen, unvergänglichen Bräuchen folgend, alljährlich zuerst ein. Die Blumenrabatten, die Ziersträucher, die Obstbäume, alle haben sie zu Ehren des Heimkehrenden geflaggt. Hyazinthen, Primeln, Narzissen, Veilchen, Forsythien, Kirsch- und Aprikosenbäume jubeln ihm in sämtlichen Pastellfarben zu. Die Luft weht wie weiche Seidentücher in die Gesichter. Die »Bergsträßer« stehen an den Spargelbeeten, in den schaumigweißen, creme- und rosafarbenen Obstgärten und droben an den

Rebhängen. Die Sonne lehnt rotbäckig im Himmelsfenster und schaut zu den Leuten hinunter, die ihrerseits in Sensheim, Alsbach und Jugenheim auch ein wenig im offenen Fenster liegen, den spielenden Kindern zusehen und lächelnd von Aprikosenmarmelade und anderen Spielsachen Floras träumen. [...]

Frühlingslächeln

Die Sonne lockt nach einem Weilchen
die schönsten Dinge an das Licht,
zum Beispiel: Birkengrün und Veilchen,
und Reiselust und Liederzeilchen,
und manches lächelnde Gesicht.

Der Frühling neckt uns. Wir erwachen.
Die Welt wird wieder froh und grün
und möchte sich vertausendfachen.
Die Blumen blühen, wenn sie lachen.
Die Frauen lächeln, wenn sie blühn.

Lustige Ostereier
Klaus und Kläre schreiben

28. März 1929

Liebe Fallekinder!

Denkt mal, die Klara Fischers, der wir neulich vom Ostereiermalen erzählten, sagte, sie kenne das gar nicht! Was und wie das denn sei? – Da haben wir uns aber gewundert. Wir dachten, alle Kinder kennen das. Ostereiermalen ist nämlich unser Schönstes! Es kommt gleich nach dem Eiersuchen. Jedes Jahr denken wir uns was Neues aus. Und was wir uns diesmal ausgedacht haben, das hat Marianne Scheel – das ist eine Kusine um viele Ecken, müsst Ihr wissen – gleich abgemalt für Euch. Und da seht Ihr's! Und wir wollen Euch nun mal schnell beschreiben, wie man's macht.
Also das Erste ist: »Winter ade!« Wir finden nämlich, dass es nun lange genug kalt war! Und dass es nun auch aufhören kann mit dem Winter! Dieser Schneemann hat ein gekochtes Osterei, wie man zu Ostern immer kriegt und verschenkt, als Kopf. Und er hat ein Vorn und ein Hinten. Das heißt: Er hat zwei Gesichter. Ihr seht nur eins. Das andere ist auf der anderen Seite. Beide Gesichter sind traurig. Denn »Winter ade!« bedeutet für den Schneemann: Tauwetter! Und Tauwetter lieben Schneemänner gar nicht! Der Zylinder ist aus festem Papier geklebt und dann mit schwarzer Tusche

bemalt. Der hohe Stehkragen ist aus einem Papierstreifen geklebt. Oben ist ein bisschen eingeschnitten, und die Ecken sind umgebogen. Der feine schwarze Schlips ist nur angetuscht. Der Körper des Schneemannes besteht aus einem großen halben Pappkreis. Diese Kreishälfte wird tütenförmig gerollt und die Schnittkante fest übereinandergeklebt. Die Knöpfe und die Arme sind angemalt. Für das Schild und die Rute sind mit dem Taschenmesser feine Schnitte eingeritzt. [...]

Und nun kommt: »Sonne juchhe!« – Das Gesicht der Sonne, das wir auf das Hühnerei gemalt haben, könnt Ihr nicht ganz sehen, weil der Sonnenstrahlenkranz, den wir aus gelbem Glanzpapier geschnitten haben, es verdeckt. Sie blinzelt nur ein bisschen. Die Sonne hat ein Kleid aus gelbem Glanzpapier. Ihr Kopf sitzt mit der unteren Spitze in einem Eierbecher. Aber den seht Ihr nicht. Weil das Kleid darüber ist. Für das »Sonne juchhe!«, das wir an einen Zahnstocher kleben, haben wir einen kleinen Ritz ins Kleid gemacht. Da sitzt das Schild drin. [...]

Voriges Jahr haben wir die ganze Familie auf die Ostereier gemalt. Am schönsten war Onkel Emil-Kurt geraten. Er sah so komisch aus, dass alle Leute lachen mussten.

Wenn Ihr zu Ostern Besuch bekommt, dann müsst Ihr auch Ostertischkarten machen. [...] Ihr dürft natürlich nicht vergessen, Namen draufzuschreiben, wie das Vetter Kurt mal machte. Da hatte er viel Besuch eingeladen und schon eifrig Tischkarten gemalt. Nun kam der Besuch, die Kärtchen standen schön auf dem Tisch – aber nirgends war ein Name zu lesen! – Da hat keiner gewusst, wo er sich hinsetzen sollte, und es gab ein tolles Durcheinander!

Wenn Euch beim Eiermalen was recht Hübsches einfällt, dann schreibt's uns.

Wir wünschen Euch viel Spaß beim Malen und Kleben.

Eure Freunde Klaus und Kläre

Der Osterausflug

Ostern geht, wer Geld besitzt, zum Rennen.
Pferde laufen unentwegt im Kreise.
Und beim Goldenen Jagd- und Widmungspreise
lernte Dora einen Herrn kennen,
der erklärte, dass er Müller heiße.

Sie spazierten, um den Tag zu feiern,
nach dem Rennen in den grünen Wald.
Und sie sprachen von der Kunst und Bayern,
von der Mode und den Ostereiern …
Das macht müde. Und sie machten halt.

In dem Wald war eine Art von Lichtung.
Auf der Wiese war für beide Platz.
Wie in jeder bessern Osterdichtung
nahm die Sache die bekannte Richtung,
dass sie »Guter!« sagte und er »Schatz!«

Doch dann kam ein Fremder, der sie störte.
Und er schrie und brüllte allerhand.
Dora tat, als ob sie es nicht hörte,
Müller aber, den der Kerl empörte,
lief ihm nach und drohte. Und verschwand.

Fräulein Doras Tasche und ein Los,
Pass und Geld verschwanden gleicherweise.
Und sie saß im Wald und weinte leise.
Denn was nützte es der Ärmsten groß,
dass sie wusste, dass er Müller heiße? …

Und nun rennt sie sorgenvoll seit Tagen,
ihren Müller suchend durch die Stadt.
Alle Müllers will sie, sagt sie, fragen!
(Bitte im Adressbuch nachzuschlagen,
um zu sehen, was das auf sich hat.)

Dora hofft und denkt zwar: »Ich erfahr' es.«
Und vor allen Schildern hält sie ein.
Aber keiner von den Müllers war es!
Und so wird sie, im Verlauf des Jahres,
auf das Osterfest nicht gut zu sprechen sein.

Moral für Fräulein:
Eh' sie sich mit fremden Herrn befassen,
soll'n sie sich die Pässe zeigen lassen.
Moral für Herren:
Will man einen falschen Namen sagen,
nehm' man einen, den sehr viele tragen.

Die Entlarvung des Osterhasen

Ich muss ein geradezu reizendes Kind gewesen sein. – Wer mich noch nicht lange genug oder gar nicht kennt, der kann das nicht beurteilen. Denn ich habe mich im Laufe der Jahre ziemlich verändert ... Trotzdem soll mich niemand um Photographien aus jener Zeit bitten, damit er meine damaligen Vorzüge begreife! Nicht etwa, dass solche Photographien nicht existieren! Aber sie werden mir nicht gerecht; ich bin darauf einfach nicht gut getroffen.

Eher möchte ich schon empfehlen, sich an meine Mutter zu wenden, deren Adresse mitzuteilen ich gern erbötig bin. Ihre Auskünfte, sicher auch die meiner Tante Lina, ferner die weit zurückreichenden Erinnerungen des Fräuleins Haubold aus der Färbereifiliale und der Bäckermeisterin Wirth – um nur einige Kronzeugen meiner Kindheit zu nennen –, kurz, eine imposante Summe des vollsten Vertrauens werter mündlicher Überlieferung wäre recht wohl dazu geeignet, auch den letzten Zweifel gegenüber meiner Behauptung zu entkräften, die ich zu meinem eigenen Bedauern wie einen mathematischen, jedes Beweises gern entratenden Lehrsatz wiederholen muss: Ich muss ein geradezu reizendes Kind gewesen sein. –

Nichts wird dem, der Gemüt zu besitzen vorgibt, verständlicher sein, als dass ich mich mit einer ans Leidenschaftliche grenzenden Vorliebe jenes vergangenen Lebensabschnitts erinnere, in dem es mir vergönnt war, staunende Beachtung zu finden. Ja, ohne Übertreibung darf ich es aussprechen: Ich werde mir unvergesslich bleiben ...

Wie wundervoll war es doch, das Raunen der Erwachsenen zu kosten, wenn ich anlässlich der öffentlichen Osterprüfungen vor das Katheder trat, um ein Gedicht von Victor Blüthgen oder Ludwig Uhland zu deklamieren! Wie ergriff mich die Feststellung, dass die Augen des Oberlehrers voller Zärtlichkeit auf mir ruhten und dass über die Wangen auch der neidischsten Mütter Tränen der Rührung bis zu Erbsengröße rollten!

Oft hat man böse Worte gegen die Musterschüler gesprochen und geschrieben; man hat sehr unrecht daran getan. Mehr sage ich nicht, obwohl gerade ich dazu berufen wäre; denn ich war ein Musterschüler, wie er prächtiger und exemplarischer nicht wieder zur Welt kommen dürfte …

Musterschüler zu sein ist eine keineswegs jedem Beliebigen zugängliche Aufgabe. Es ist vielmehr ein Talent, dessen Geheimnis darin besteht, den Lehrern nicht nur Freude zu machen, sondern sogar Freude an ihnen zu haben. Wer zweifelt noch daran, dass dies besondere Eignung voraussetzt?

Am liebsten rufe ich Erinnerungen an das erste Schuljahr wach …

Denn jener Schritt, mit dem ich über die Schwelle des Klassenzimmers stolperte, dass die Zuckertüte ihre bunte Spitze und ihren süßen Inhalt verlor – jener Schritt bedeutete das Heraustreten des Kindes aus dem engen Kreis der Familie in die Bezirke des öffentlichen Lebens; jener Schritt galt gewissermaßen der erstmaligen Ausübung staatsbürgerlicher Pflichten.

Ich wage nicht zu behaupten, dass mir damals die ganze Schwere jenes stolpernden Schrittes klar zum Bewusstsein gekommen wäre. Das wohl nicht. Aber im Herzen des zum Bürger geborenen Kindes muss sich dergleichen instinktiv geltend machen, ehe es mit dem Kopfe begriffen wird. So erging es mir. –

Und ähnlich, wie ich die Bedeutung des Schulbeginns empfand, sollte ich bald auch die der Persönlichkeit nachteiligen Folgen des öffentlichen Lebens spüren. –

Der Lehrer meines ersten Schuljahres hieß Bremser. Genauer: Herr Bremser.

Ihm verdanke ich wesentliche Förderungen. Sein Name soll mich nicht ungerecht machen. Ohne jede Übertreibung darf ich sogar sagen: Ich habe seitdem nicht mehr allzu viel hinzugelernt. Natürlich einzelne Dinge, tausend Zahlen, windige Neuigkeiten, das wohl. Doch was ich ihm verdanke, ist weit mehr. Er lehrte mich die Wirklichkeit sehen: Er ließ mich wissen, dass nichts ohne Ursachen und Folgen geschieht und dass die Phantasie ein Organ ist, das weggeschnitten zu werden verdiente, da es doch nichts nützt und, wenn es sich bemerkbar macht, schlimme Erkrankungen hervorruft.

Und das kam so: Die letzte Stunde vor den Osterferien – ein ganzes Jahr war bereits verflossen –, diese letzte Stunde wurde weder mit komplizierten Schreibübungen noch mit einstelligen Rechenkünsten zugebracht, sondern mit improvisierten Darbietungen des Lehrers selber. Eine fraglos schöne alte Sitte. Er ging so weit, dass er uns fragte, was er denn nun erzählen solle.

Wie ein Magier, der jeden Wunsch zu erfüllen imstande ist, lehnte er seine halbkugelrunde Weste gegen die Bordkante des Katheders und ließ Blicke väterlicher Güte über die kleinen Männer gleiten. Da zuckte es in den vorschriftsmäßig gefalteten Händen; da wurden die arglosen Gesichter nachdenklich; da gingen die wunderlichsten Wünsche und Rätsel hinter den sauber gekämmten Haarschöpfen spazieren.

Herr Bremser war die Geduld in Person. Ermunternd wanderten seine Augen von einem zum anderen. Schließlich sagte irgendein munteres Stimmchen: »Etwas vom Osterhasen!« Dieser Wunsch war, da Ostern vor der Schultür stand, vollkommen begreiflich. Und ebenso begreiflich war es, dass alle einverstanden waren. Jeder war willens, etwas vom Osterhasen zu hören. Freilich nicht die allgemein bekannten Tatsachen vom Legen, Färben und Verstecken der Eier, nein, etwas Apartes! Am liebsten eine kleine spannende Geschichte, in der jener wundervolle Hase die Heldenrolle spielen sollte …

Herr Bremser nickte mit dem Kopf, schwenkte das eine Bein über die Kathederecke, wie er das so zu tun beliebte, schaute sinnend in den Schulgarten hinaus, der schon zu grünen anhub, räusperte sich und sagte: »Ja, glaubt ihr denn noch an den Osterhasen?« Und von dem Bedürfnis hingerissen, Kinderpsychologie experimentell zu betreiben, fuhr er fort: »Also – wer noch an den Osterhasen glaubt, der hebe die Hand!« Schon reckte er den Arm, um besser zählen zu können. –

Aber niemand hob die Hand … So sicher es war, dass alle an den Osterhasen glaubten, so klar wurde es ihnen plötzlich, dass dieser Glaube ein Zeichen von Dummheit sei. Welcher Mensch aber hat den Mut, sich zu seiner Dummheit zu bekennen? Und gar welches Kind?

Mit einem Male wussten alle, dass es keinen Osterhasen gab. Niemand wusste noch, wie sich das Eierlegen sonst erklären lasse. Nun, diesen Bildungsdefekt zu beheben, war das Werk einer kurzen Stunde.

Der radikale Inventurausverkauf unseres Märchenglaubens kam überraschend. Ich kann es nicht leugnen. Und dass ich zu Hause schrecklich geheult habe und dass meine Mutter sehr geschimpft hat, weiß ich noch recht gut.

Aber, nicht wahr, was will das besagen gegenüber der Tatsache, dass man uns an diesem Tage menschenunwürdigen Einbildungen entriss! Nun waren wir doch auf der kerzengeraden Marschroute in den Konfirmationsanzug! Noch ein paar Jahre Addieren und Dividieren, Bibelsprüche und Gesangbuchverse, Jangtsekiang und Ludwig den Bayern – das war das wenigste …

An jenem Tage ging eine neue Sonne auf und eine alte Welt unter …

Im Ernst: Wenn ich meinem Lehrer noch einmal begegnen sollte – der Wahrscheinlichkeitsrechnung nach kann er noch rüstig am Leben sein –, ich würde ihm sagen: »Werter Herr! Sie waren seinerzeit so liebenswürdig, mich etwas plötzlich auf die Wirklichkeit vorzubereiten, als Sie den Osterhasen umbrachten. Beim Fortschritt der Menschheit, an den Sie glauben, das war für mich ein wenig hart. Und wüsste ich, dass Sie noch heute an jenen Fortschritt glauben – ich bin gern bereit, Sie von diesem Märchen zu erlösen. Eine Liebe ist der andern wert.«

Aber er wird mir nicht begegnen. Und das ist ebenso gut. –

Heute hat sich wohl auch das geändert. Heute sagen die Kinder, während sie zur Welt kommen, zu ihren Eltern: »Also, dass ihr es wisst! Die Geschichte mit dem Storch, die könnt ihr euch schenken! Apropos, was haltet ihr vom Darwinismus?«

Ja, der Fortschritt …

Ein nachdenklicher Festgesang

»Ostern«, meditiert Herr Meier,
»ist das Fest der Ostereier.«
Und schon sieht man ihn entlaufen,
solche Eier einzukaufen.
Ja, ein Vater hat doch Sorgen. –

Und er steigt am Sonntagmorgen
unverzüglich in den Garten.
Mäxchen muss im Zimmer warten,
bis Papa ihn rufen lässt.
Hosen lang und Hüften fest,
linker Hand die Gouvernante,
rechter Hand Mama und Tante,
stelzt der Kleine aus dem Haus.
Alle sehn verlegen aus. –
»So, mein Kind«, sagt der Papa,
»Osterhasen waren da.
Auf dem Rasen, an den Wegen,
hinter Bäumen sowie Hecken
wollten sie erst Eier legen
und sie dann für dich verstecken.«

Mäxchen ruft voll Zuversicht:
»Osterhasen gibt es nicht!«
Und er wiederholt es laut,
eingelernt und unverdrossen.
Bis Herr Meier kurz entschlossen
Mäxchen eine runterhaut. –
»Unverschämter Bengel«, spricht er,
»schneid nicht solche Schafsgesichter!«

Mäxchen heult, so gut er kann.
Die Mama sieht Meiern an.
Doch wenn den etwas bewegt,
bleibt er lange Zeit erregt.
Und er schimpft wie ein Sergeant.
Und mit ungestümer Hand
holt er, scheint es, wieder aus!
Doch da tritt Mama herfür.
Und sie geht mit Max ins Haus.
Durch die Wintergartentür. –

Meier ist noch nicht zu Ende,
und er schwingt die losen Hände,
gänzlich außer Rand und Bande. –
Kinderfräulein sowie Tante
können ihm nicht widerstehn,
und man sieht sie seitwärts gehn.

Meier findet keine Ruhe.
Mit dem Absatz seiner Schuhe
trommelt er auf Kies und Rasen.
Schokoladenosterhasen
und die schönsten bunten Eier
starren ängstlich auf Herrn Meier,
der sich – da er sehr ergrimmt –
nicht gerade fein benimmt. –

Mäxchen sitzt indes im Zimmer,
und er weint und flüstert immer
mit dem ängstlichsten Gesicht:
»Osterhasen gibt es nicht.«

Die missglückte Auferstehung

Herr Klein ging am Ostersonnabend mit kurzen hüpfenden Schritten die Ludwigstraße entlang. Er trug einen hellkarierten Sportanzug, einen schwarzen Filzhut und einen niedlichen Rucksack. Ängstlich hielt er hinter seiner Brille Umschau. Aber es lachte ihn niemand aus. – Herr Klein war das erste Mal in München. Ja, Herr Buchhalter Klein befand sich überhaupt das erste Mal auf einer Erholungsreise!

Er ging also die Ludwigstraße entlang. Und fand, dass man, um solche grauen Paläste und solche mit dem Lineal gezogenen Straßenzüge zu sehen, auch sehr gut in Berlin hätte bleiben können. Allerdings – die Theatinerkirche war ganz niedlich. Und der Hofgarten auch. Aber es war doch sehr unpraktisch, nur deswegen so weit zu fahren …

Auf der Brücke vor dem Maximilianeum blieb er stehen und schaute – wie die andern auch – in die lehmbraune, lärmende Isar hinunter. Dann kehrte er um. –

Die freundlichen Wiesenwege des Englischen Gartens waren recht voller Menschen. Herr Klein stand einigermaßen verdutzt vor dem Monopteros und saß dann am Chinesischen Türmchen nieder, um seinem Chef eine Ansichtskarte zu schreiben.

Dann ging er bald in sein Hotel an der Kaufingerstraße, denn er war sehr müde …

Schon frühzeitig saß er am ersten Osterfeiertag in einem schrecklich überfüllten Zug nach Garmisch. Die Landschaft zog trüb und verärgert an den Fenstern entlang. Herr Klein hielt den Regenschirm zwischen den Knien, stützte seinen Kopf auf den Schirmgriff und dachte nach.

Es war reichlich unvernünftig gewesen, dem Drängen des Chefs so ohne weiteres nachzugeben. Aber schließlich, war Herr Steinkopf nicht beinahe zudringlich geworden? »Herr Klein«, hatte er gesagt, »Sie müssen mich den ganzen Sommer über vertreten. Denn auf wen soll ich mich sonst verlassen, ja? Also fahren Sie geschwind drei Wochen in die bayrischen Alpen. Denn der Sommer wird harte Arbeit bringen ...«

Mein Gott! Wer weiß, wie es jetzt im Büro drunter und drüber ging! Der Ehrenberg würde sicher viel zu nachlässig arbeiten.

In Garmisch regnete es. Und Herr Klein sah beim besten Willen nichts weiter als etliche Villenstraßen, die von einer grauweiß wallenden Nebelmauer umzingelt waren. Herr Klein spannte den Regenschirm auf und ging mit kurzen hüpfenden Schritten durch den frostigen Kurort ...

Entsetzlich! Hier sollte er drei Wochen wohnen? Nicht um die Welt! Wenn er wenigstens die Pelzweste mitgebracht hätte, wie ihm die Wirtschafterin zugeredet hatte! Es war fürchterlich kühl in diesen Bergen, die man nicht sah, wenn man nicht gerade vor einem Postkartenladen stehen blieb.

Nach mancherlei Umwegen und bereits erkältet kam Herr Klein zum Bahnhof zurück, setzte sich in die Wirtschaft und spannte den Schirm zum Trocknen auf. Er aß etwas, machte sich Notizen in seinen Block, rechnete aus, was er bis jetzt ausgegeben habe, und fuhr, als der Regen nachließ, mit der Kleinbahn nach Niedergrainau.

Links und rechts unerbittliche Nebelwände. Herr Klein marschierte mit kurzen hüpfenden Schritten zwischendurch und fröstelte. Er stieß den Schirm herzhaft gegen den Boden und versuchte zu singen. Aber es machte ihm keine Freude. Eigentlich fiel ihm auch gar nichts ein, was auf seine Situation gepasst hätte.

Am Eibsee setzte er sich in die Veranda des Hotels und schaute in den flatternden Nebel hinaus. Voller Erwartungen, die sich nicht zu erfüllen schienen. Er zählte bis drei. Er ließ sich vom Kellner belehren, dass der Nebel unmöglich lange anhalten könne.

Aber der Nebel hielt trotz des Kellners an. Auch das Zählen blieb ohne Wirkung. –

Die Zugspitze pflege sonst da drüben sichtbar zu sein! Herr Klein starrte ehrfurchtsvoll nach links hinüber. Nach einem fast schwarzen Nebelfleck, auf den der Kellner mit dem Finger wies. So, dort dahinter.

Am Abend war Herr Klein schon wieder in München. Und es regnete noch immer. Am zweiten Feiertag war er schon wieder in Berlin.

Dienstag früh ging der Buchhalter Klein durch die Stadt. Und ohne dass er sich übermäßig gewundert hätte, fand er sich plötzlich in der Kommandantenstraße. Vor dem Büro.

Aber er kehrte wieder um; denn er war noch sehr erkältet.

Doch am Mittwoch war er endlich wieder in seinem Geschäftszimmer. Die andern Angestellten waren sehr verwundert. Sie schüttelten die Köpfe und versicherten einander, wie forsch sie losgezogen wären! Solch einen Urlaub hätte man ihnen einmal anbieten sollen – Und Herr Steinkopf, der Chef, verstand erst nach längerer Unterhaltung, wieso Klein schon wieder zurück wäre. »Nja«, sagte Herr Steinkopf und zog ernst an seiner Zigarre, »nja, Klein, da wollen Sie also allen Ernstes gleich wieder mit der Arbeit anfangen?«

»Wenn ich darum bitten dürfte, Herr Steinkopf«, sagte Buchhalter Klein.

»Nja, aber mit dem größten Vergnügen, Klein! Sie sind vielleicht ein komischer Kerl! – Will keine Ferien haben!«

Herr Klein sah vor sich hin und sagte leise, als ob er das eben erst erkannte: »Die Ferien sind zehn Jahre zu spät gekommen …«

»'n Morgen!«, knurrte der Chef und ging ins Privatkontor.

»Guten Morgen, Herr Steinkopf!«, sagte Klein.

Und sah die Post durch.

Die Bäume schlugen aus

Der Frühling (auch mitunter Lenz genannt)
war wieder, wie man sagt, vom Zaun gebrochen.
Da hat ein alter Herr – ein Herr Rendant –
ein junges Mädchen angesprochen.

Die Triebe schossen. Und die Knospen sprangen,
wie das programmgemäß geschehen muss.
Da gab er ihr, auf eine ihrer Wangen,
so eine Art von gutgemeintem Kuss.

Die Bäume schlugen aus. Und die Geküsste
schlug dem Rendanten herzhaft ins Gesicht.
Ob er sich denn nicht zu benehmen wüsste!
Und er erklärte sanft: Das wüsst' er nicht.

Die Säfte stiegen. Die Minuten schlichen.
Das Mädchen lief. Er grüßte hinterher.
Die Bänke waren alle frisch gestrichen.
Dem Herrn Rendanten fiel das Gehen schwer.

Er sah dem Mädchen nach und sprach: Da rennt's.
Und brachte sich gemächlich zur Räson.
Was soll der Sommer, dachte er. Und was der Lenz?
Für alte Herrn gibt's keinerlei Saison. –

Der Frühling (auch mitunter Lenz genannt)
war wieder, wie man sagt, vom Zaun gebrochen.
Da hat ein alter Herr – ein Herr Rendant –
zum letzten Mal ein Mädchen angesprochen.

Gespräch im Grünen

Man kann wieder im Freien sitzen. Die ersten Blumen an den Parkwegen. Und ein paar notdürftig reparierte Bänke. Aus Italien und Nordafrika importierte Luft ist überall erhältlich. Jeder ist bezugsberechtigt. Mit der Währungsreform hat die Sache auch nichts zu tun. Man kann sich's leisten. »Gestatten?« »Bitte.« Man nimmt Platz. »Wundervoller Tag.« »Mm.« »Zigarette?« »Oh! Danke vielmals.« Sogar das Feuerzeug funktioniert. »So in Gedanken, Herr Nachbar?« »Ich überlege mir gerade, ob die Bauern den heutigen Tag zu trocken oder zu nass finden werden.« »Beides, Herr Nachbar.« »Haha!«

Hunde spielen auf der grünen Wiese. Blaumeisen, kleine piepsende Federbälle, purzeln von Zweig zu Zweig. Ein zwölfjähriges Mädchen führt den jüngeren Bruder an der Hand, einen dicken Däumling mit großen runden Augen. Vor Neugier fallen sie ihm fast aus dem Gesicht. Am Wegrand blinkert eine Rabatte gelber und violetter Stiefmütterchen. Sie sehen aus wie Katzenköpfchen auf Stielen. Bellen und Lachen weht in der Luft, und eine winzige gefiederte Wolke. Und weit und breit kein Flugzeug …

»Einen Blick in meine Zeitung werfen?« »Warum? Was haben Sie gegen mich?« »Haha.« Ein unermesslicher Genuss: die Beine weit von sich zu strecken. Dabei so simpel. Billig. Von keiner Behörde bewirtschaftet. Von niemandem verboten. Oder doch etwa? Ein Schild: Es ist untersagt, die Beine …? Nein. Nur: Bürger, schont eure Anlagen! Na ja, das tun die meisten sowieso. »Man ärgert sich bloß drüber!« »Bitte, Herr Nachbar?« »Ich meine, man ärgert sich bloß, wenn man die Zeitung liest!« »Nur zu wahr, Herr Nachbar. Nur zu wahr.« Das dort links ist ein …, wie heißt er gleich? Hat so merkwürdige Blätter. – Japanisch, wenn ich nicht irre. Goethe hat darüber geschrieben. Natürlich hat er. Brachte ein Exemplar des Baums nach Weimar. Dass mir der Name … Eine Art Kreuzung zwischen Laub- und Nadelbaum, jawohl. Herrje, das Gedächtnis, es ist zum … Andrerseits: wenn man alles im Kopf behielte, was man einmal gelernt und gelesen hat? Nein. Auch nicht schön. Gar nicht schön. Ganz und gar nicht schön. Vergessen können. Gepäck fortwerfen. Das Gehirn frei machen für Neues. Das ist viel gescheiter. Und erhält gescheiter. Geht wie mit den Sandsäcken beim Ballon. Der Horizont ist die Hauptsache. So ist es. Im Grunde also ein gutes Zeichen, dass mir der komische Baum … Ein himmlischer Tag! Und so viele hübsche Beine unterwegs! Nanu, genau das gleiche Kleid hatte doch … Vergessen können, mein Lieber. Das Gehirn frei machen. Der Horizont ist die Hauptsache … Ginkgo heißt der Baum! Ginkgo biloba. Natürlich. Hätte mir wirklich nicht einzufallen brauchen. Unnötiger Ballast. Ginkgo biloba. Meinetwegen. […]

Er erhebt sich ächzend. »Na denn, – guten Tag.« »Tag, Herr Nachbar.«

Ginkgo biloba. Stimmt. Die Menschen merken sich, was sie gut und gern vergessen können. Und vergessen, was sie sich unbedingt merken sollten …

Osterfestrede

Zu Ostern denk ich immer an den Lehrer,
bei dem wir in der Fibel Fabeln lasen.
Der Mann war der geborene Erklärer,
und keine seiner Lehren traf mich schwerer
als die: »Es gibt gar keinen Osterhasen.«

Der Mann hieß Bremser und war unverdrossen.
Mit diesem einen Satze hat er mir
die ganze Kindheit hinterrücks erschossen.
Das Märchen war, eh's recht begann, beschlossen.
Tja, und der Hase war ein Nagetier.

Die Zeit verfliegt. Ans Ostereierlegen
glaubt heut kein Kind mehr, das zur Schule geht.
Der Fortschritt ist ein zweifelhafter Segen.
Die Kinder wissen Autos zu bewegen
und sehen nach, wie Mansfeld-Bergbau steht.

Wir gehen ganz vergeblich in die Lehre.
Und wenn wir fragen, was ein Roadster wäre,
dann blicken sie uns nur voll Mitleid an
und sagen: »Wenn ich es dir auch erkläre,
kapieren tust du's doch nicht, oller Mann.«

Wenn wir im Kanapee zu Osterzwecken
oval geformten Marzipan verstecken,
ruft nebenan das Kind ins Telefon:
»Wenn Sie nicht zahlen, lass ich zwangsvollstrecken!
Mein Vater ist zu sanft. Hier spricht sein Sohn.«

Das ist so gut wie gar nicht übertrieben.
Wir sind entsetzlich weit zurückgeblieben.
Und holen unsre Kinder nicht mehr ein.
Das Beste, was wir können, ist: sie lieben
und ihnen trotzdem nicht im Wege sein.

Über Vorworte und Vorgärten

Ein Vorwort ist für ein Buch so wichtig und so hübsch wie der Vorgarten für ein Haus. Natürlich gibt es auch Häuser ohne Vorgärtchen und Bücher ohne Vorwörtchen, Verzeihung, ohne Vorwort. Aber mit einem Vorgarten, nein, mit einem Vorwort sind mir die Bücher lieber. Ich bin nicht dafür, dass die Besucher gleich mit der Tür ins Haus fallen. Es ist weder für die Besucher gut noch fürs Haus. Und für die Tür auch nicht.

So ein Vorgarten mit Blumenrabatten, beispielsweise mit bunten, kunterbunten Stiefmütterchen, und einem kleinen, kurzen Weg aufs Haus zu, mit drei, vier Stufen bis zur Tür und zur Klingel, das soll eine Unart sein? Mietskasernen, ja siebzigstöckige Wolkenkratzer, sie sind im Laufe der Zeit notwendig geworden. Und dicke Bücher, schwer wie Ziegelsteine, natürlich auch. Trotzdem gehört meine ganze Liebe nach wie vor den kleinen gemütlichen Häusern mit den Stiefmütterchen und Dahlien im Vorgarten. Und den schmalen, handlichen Büchern mit ihrem Vorwort.

Vielleicht liegt es daran, dass ich in Mietskasernen aufgewachsen bin. Ganz und gar ohne Vorgärtchen. Mein Vorgarten war der Hinterhof, und die Teppichstange war mein Lindenbaum. Das ist kein Grund zum Weinen, und es war kein Grund zum Weinen. Höfe und Teppichstangen sind etwas sehr Schönes. Und ich habe wenig geweint und viel gelacht. Nur, Fliederbüsche und Holundersträucher sind auf andere und noch schönere Weise schön. Das

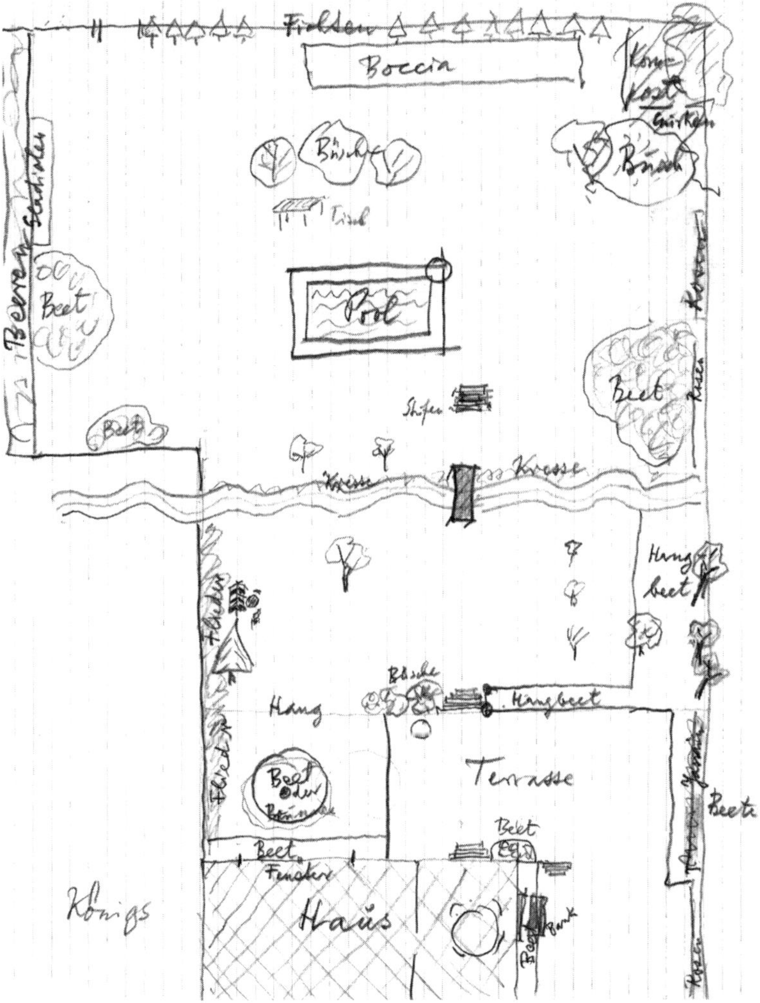

Erich Kästners Gartenplan

wusste ich schon, als ich ein kleiner Junge war. Und heute weiß ich's fast noch besser. Denn heute hab ich endlich ein Vorgärtchen und hinterm Haus eine Wiese. Und Rosen und Veilchen und Tulpen und Schneeglöckchen und Narzissen und Hahnenfuß und Männertreu und Glockenblumen und Vergissmeinnicht und meterhohe blühende Gräser, die der Sommerwind streichelt. Und Faulbaumsträucher und Fliederbüsche und zwei hohe Eschen und eine alte, morsche Erle hab ich außerdem. Sogar Blaumeisen, Kohlmeisen, Hänflinge, Kleiber, Dompfaffen, Amseln, Buntspechte und Elstern hab ich. Manchmal könnte ich mich fast beneiden! [...]

Das Mandelbäumchen

Ich bin noch klein und hab erst zwölf Blütchen.
Auf meinem Schildchen steht »Prunus trilosa«.
Ich bin nicht so groß wie die gelben Forsythien.
Dafür bin ich rosa.

Ich bin noch klein und ganz ohne Füßchen.
Und wüsste so gern, wie das Tanzen tut!
Überbringen Sie, bitte, die schönsten Grüßchen
den Gänseblümchen und den Radieschen!
Und es ginge mir gut.

Mäxchen Pichelsteiner im Maiglöckchentopf

Jetzt liegt Schnee. Aber ein paar Maiglöckchenstöcke stehen im Zimmer. Wunderschön!
Erich Kästner an seine Mutter, Februar 1946, auf der Rückseite eines Fotos

Inzwischen saß also der Kleine Mann auf dem Balkon in einem Blumentopf. Es war ein Topf aus weißem Steingut. Der Hotelgärtner hatte am Morgen zwanzig Maiglöckchen eingepflanzt, weil er wusste, dass sie Mäxchens Lieblingsblumen waren.

»Gibt es ein Gedicht über den Maiglöckchenduft?«, hatte der Junge früher einmal gefragt. Aber weder der Jokus noch der Gärtner kannten eines.

»Wahrscheinlich wäre es so schwierig wie der vierfache Salto«, hatte der Jokus vermutet.

»Den vierfachen Salto gibt's doch gar nicht!«, hatte der Kleine Mann gerufen.

»Eben«, hatte der Jokus geantwortet. »Das ist es ja.«

Nun saß also der Kleine Mann, wie gesagt, im Blumentopf, lehnte an einem der zartgrünen Stängel, blickte in die weißen Maiglöckchenwipfel empor, schnupperte den sogar für Dichter unbeschreiblichen Duft und dachte über das Leben nach. Man tut das manchmal. Auch als gesunder Junge. Auch als Kleiner Mann.

Er dachte an seine Eltern und den Eiffelturm, an den Jokus und Fräulein Marzipan, an die vertauschten Fräcke und den Clown Ferrando, an Galoppinskis zerbrochene Peitsche und Herrn Magers Hosenträger, an den lauten Zirkus und die leisen Maiglöckchen und … und … und … Und dann schlief er ein und träumte.

Paula vorm Haus

Eigentlich heißt sie Paula Schmidt. Weil sie aber zwischen den Mandelbäumchen, Fliederbüschen und Silbertannen im elterlichen Vorgarten steht, nennt man sie seit siebzehn Jahren, so alt wurde sie im März, gemeinhin Paula vorm Haus. Sie ist bildhübsch, hat frische Farben, lacht gern und war nie ernstlich krank. Das will bei einem Menschen, der, so lange schon, Tag und Nacht und bei jedem Wetter im Freien lebt und nicht vom Flecke kann, einiges bedeuten.

Professor Schwerdtfeger, der bekannte Gelehrte, der das Kind – es wuchs damals schon im Garten – als Erster eingehend untersuchte und einwandfrei feststellte, dass es statt der Füße Wurzeln besitze, bezeichnete Paula anschließend, in den Medizinischen Vierteljahresheften, als die »reizendste Aberration der Natur«. Kirchliche Kreise hingegen empfanden das Ereignis, für das noch die Bezeichnung »negatives Wunder« zu nachsichtig klinge, als einen Skandal. Gleichviel, die Kleine wuchs, zur Freude und Sorge der Eltern, unverdrossen heran.

Sie wurde, begreiflicherweise, zu einer Sensation. Photos von ihr und Artikel über sie erschienen in allen Zeitungen und Zeitschriften. Das Bild des Kindes, das, erwiesenermaßen festgewurzelt, zwischen den blühenden Büschen stand und mit ihnen um die Wette zu lachen schien, rührte und beschäftigte monatelang die ganze Welt. Einige der Fremden, die damals den Ort überschwemmten, machten dem Ehepaar Schmidt nahezu unwiderstehliche Angebote. Eine Zeitschrift stellte ihnen eine ansehnliche Lebensrente in Aussicht, falls sie sich bereitfänden, Tatsachen oder wenigstens Vermutungen niederzuschreiben und notariell beglaubigen zu lassen, die geeignet wären, die Neugierde der Leser wenn schon nicht zu befriedigen, so doch erträglich zu gestalten. Ein Impresario bot eine horrende Summe, wenn er das Kind ausgraben, eintopfen und in den Weltstädten gegen Eintritt ausstellen dürfe. Zur Ehre der Eltern sei gesagt, dass sie diesen goldenen Verlockungen, ohne lange zu zögern, einträchtig widerstanden.

Geringfügigeren Versuchungen gaben sie, wenigstens in den ersten Jahren, gelegentlich nach. Da stand dann etwa die Kleine lächelnd vorm Haus, und auf einem Plakat, das sie in den Händen hielt, lasen die sich drängenden Zuschauer: »Auch ich trage Steiners Kinderkleider.« Oder man zog ihr, bei schlechtem Wetter, einen Regenmantel an, und sie rief alle fünf Minuten vergnügt: »Immerdicht hält immer dicht!« Oder sie aß fleißig Marmeladebrote, und ein Schild neben ihr behauptete, Kruses Konfitüren seien die besten. Auch solche vergleichsweise unschuldigen Geschäfte brachten Geld. Und die Eltern verwendeten es, im Großen und Ganzen, für die Beschaffung erstklassiger Gartenerde.

Mit der Zeit rissen andere Sensationen die öffentliche Aufmerksamkeit an sich, und Paula verlebte eine einigermaßen normale Kindheit. Vom Schulbesuch hatte man sie allerdings befreien müssen. Doch Herr Korbgiebel, der grauhaarige Hauptlehrer, kam, wenn es nicht gerade regnete oder schneite, samt der singenden Klasse, den aufgerollten Landkarten, der schwarzen Wandtafel, dem munter klappernden menschlichen Skelett und anderen Lehrmitteln in Schmidts Garten marschiert und erteilte seinen milde trocknen Unterricht zwischen Flieder, Tannen und Jasmin. Der Bezirksschulrat, der gelegentlich nach dem Rechten sah, war zufrieden. Paula lernte leicht und las viel. Reisebeschreibungen hatten es ihr besonders angetan. Bei einem Kinde, dem bereits der Blick um die nächste Straßenecke verwehrt blieb, war das verständlich genug. An den schulfreien Nachmittagen saß die Mutter neben ihr und strickte. Meist wurden es fußlose, mit Reißverschlüssen statt mit Rücknähten versehene Wollstrümpfe. Man plauderte miteinander und mit Nachbarn und Bekannten, oder Paula malte. Ihr Vater, ein tüchtiger Schreiner, hatte ihr eine Staffelei gezimmert, und das Kind brachte, mit Wasserfarben und Buntstiften, allerlei zustande. Das Bild »Unser Marktplatz, den ich nie sehen werde« hängt seit vier Jahren im Büro des Bürgermeisters, und er zeigt es seinen Besuchern nicht ohne Stolz und Rührung.

Heute malt Paula nicht mehr. Sie lächelt den Freundinnen zu, die von der Arbeit kommen oder zum Tanz gehen. Ob sie noch lächelt, wenn es dunkel geworden ist und die Mädchen von ihren Verehrern heimgebracht werden, weiß man nicht. Freilich, des Nachts, in die Erde gebannt, zwischen den schwarzen Sträuchern zu stehen, atmend und atemlos, ein verwunschener Fliederbusch, der die Arme ausbreiten und die Augen mit den Händen bedecken kann, ist doch wohl kein leichtes Los. Wenn die Eulen funkeln, die Hunde schimpfen und der betrunkene Autoschlosser am Zaune rüttelt, dann lächelt sich's schlecht. Und es hilft wenig, dass die Eltern, zum Garten hin, bei offenem Fenster schlafen. Aber wer, außer dem Mädchen selber, weiß es genau?

Am vergangenen Freitag, gegen Mitternacht, glaubte Frau Schmidt, im Halbschlaf, vorm Haus eine zärtliche Stimme zu hören. »O meine Daphne!«, flüsterte jemand. Und Paula seufzte. Oder hatte Frau Schmidt geträumt? Als sie, am nächsten Morgen, ihrem Mann davon erzählte, schüttelte er den Kopf. Doch bevor er in die Werkstatt ging, griff er zu dem einbändigen Lexikon, das die Tochter seinerzeit als Schulprämie bekommen hatte, und blätterte darin. Dann winkte er seiner Frau und las, leise und zögernd: »Daphne, griechische Nymphe, zum Schutz vor Apolls Liebe in einen Lorbeerstrauch verwandelt«.

Als sie ans Fenster traten, ging gerade Dr. Meier vorüber, der neue Assessor beim Amtsgericht. Er zog vor dem Mädchen den Hut und lächelte melancholisch. Paula warf die Hände hoch. Einen Augenblick lang schien es, als wolle sie ihm nacheilen. Sie bewegte sich wie ein Blatt im Winde, das der Zweig nicht loslässt. Dann sanken die Arme herab. Reglos stand sie zwischen den Tannen und Büschen. Und versuchte zu lächeln. Und die Eltern traten ins Zimmer zurück.

Der Mai

Im Galarock des heiteren Verschwenders,
ein Blumenzepter in der schmalen Hand,
fährt nun der Mai, der Mozart des Kalenders,
aus seiner Kutsche grüßend, über Land.

Es überblüht sich, er braucht nur zu winken.
Er winkt! Und rollt durch einen Farbenhain.
Blaumeisen flattern ihm voraus und Finken.
Und Pfauenaugen flügeln hinterdrein.

Die Apfelbäume hinterm Zaun erröten.
Die Birken machen einen grünen Knicks.
Die Drosseln spielen, auf ganz kleinen Flöten,
das Scherzo aus der Symphonie des Glücks.

Die Kutsche rollt durch atmende Pastelle.
Wir ziehn den Hut. Die Kutsche rollt vorbei.
Die Zeit versinkt in einer Fliederwelle.
Oh, gäb es doch ein Jahr aus lauter Mai!

Melancholie und Freude sind wohl Schwestern.
Und aus den Zweigen fällt verblühter Schnee.
Mit jedem Pulsschlag wird aus Heute Gestern.
Auch Glück kann weh tun. Auch der Mai tut weh.

Er nickt uns zu und ruft: »Ich komm ja wieder!«
Aus Himmelblau wird langsam Abendgold.
Er grüßt die Hügel, und er winkt dem Flieder.
Er lächelt. Lächelt. Und die Kutsche rollt.

Anhang

Anmerkungen

Die bibliographischen Angaben nach den einzelnen Texten geben die Quelle an, der der Text entnommen wurde. Zusätzlich werden Ort und Zeit des Erstdrucks genannt. Für weitergehende Angaben siehe Johan Zonneveld, *Bibliographie Erich Kästner,* Bd. I–III. Aisthesis Verlag, Bielefeld 2011, 2443 S.

Ohne Verfassernennung aufgeführte Werke sind von Erich Kästner. Auslassungen innerhalb der ausgewählten Textpassagen sind mit Klammern [...] gekennzeichnet.

Kästners Werke für Erwachsene sind in Einzelausgaben lieferbar im Atrium Verlag, die Bücher für Kinder im Dressler Verlag. Die neunbändige Werkausgabe von 1998 ist lieferbar im dtv: *Erich Kästner, Werke.* Herausgegeben von Franz Josef Görtz. Bd. I–IX. Deutscher Taschenbuch Verlag, München 2004. Dient sie als Textvorlage, erscheint in den bibliographischen Angaben die jeweilige Band- und Seitenzahl (I, S. 304 f.)

7 Vorbemerkung

(Seitenangaben ohne Nennung einer Quelle beziehen sich auf die vorliegende Ausgabe.)

»Ostereiermalen ist nämlich unser Schönstes«: S. 29.

Herr Bremser: Er hieß wohl tatsächlich so (s. *Als ich ein kleiner Junge war,* VII, S. 64–69). Die meisten Leser kennen ihn jedoch als Antons Lehrer in *Pünktchen und Anton.*

»die ganze Kindheit hinterrücks erschossen«: S. 52.

»Mäxchen sitzt indes im Zimmer …«: S. 43.

»Osterhasenschokoladenkästchen«: Erich an Ida Kästner, Postkarte vom 29. 3. 1937 (von Kästner falsch datiert 29. 7. 1937). Nachlass Kästner, DLA, Marbach.

Schneeglöckchen, Primel- und Krokusstöckchen …: Wiederholte Erwähnungen in Kästners Briefen an seine Mutter in den Frühlingsmonaten der 1930er-Jahre. Nachlass Kästner, DLA, Marbach.

»Rosen und Veilchen und Tulpen …«: S. 56.

Gartenplan: s. Abbildung S. 55 und Anmerkung.

»Die Seelen laufen Stelzen …«: S. 25.

Frühlingssehnsucht Kästners: Sie äußert sich auch in dem *Frage im I. Quartal* betitelten und in den ersten Kriegsjahren entstandenen Epigramm aus dem Nachlass: »Frühling, frömmstes Vierteljahr der Erde: / Ob ich dich noch oft erleben werde?« I, S. 361.

in seinem damals noch unfertigen Garten: Ab Februar 1953 bereiteten Erich Kästner und Luiselotte Enderle ihren Umzug in die Doppelhaushälfte in der Flemingstr. 52 im Münchner Herzogpark vor. Einzug war dann im August 1953.

»Mozart des Kalenders«: S. 64.

11 Zeichnung Erich Kästner

Rückseite einer Postkarte an Thomas Kästners Mutter Friedel Siebert. Aus: *Briefe an die Doppelschätze,* Arche Verlag, Zürich-Hamburg 1995, S. 5.

13 Der April

Die dreizehn Monate, I, S. 304 f. Erstdruck: *Schweizer Illustrierte Zeitung,* 31. 3. 1953.

16 Frühling in Berlin

Gemischte Gefühle. Literarische Publizistik aus der »Neuen Leipziger Zeitung« 1923–1933, Bd. 1. Atrium Verlag, Zürich 1989, S. 236–239 (gekürzt). Erstdruck: *Neue Leipziger Zeitung,* Jg. 8, Nr. 80, 20. 3. 1928.

Nun lässt der Frühling sein Blauband wieder flattern: Das Blauband entstammt den Anfangszeilen von Eduard Mörikes Gedicht *Er ists* (»Frühling lässt sein blaues Band / wieder flattern durch die Lüfte«).

Die in die Literatur eingegangenen Blumenfrauen vom Potsdamer Platz: Anspielung auf Iwan Golls ekstatisches Gedicht *Hedwig Warmbier, Blumenfrau auf dem Potsdamer Platz* (1919).

Die Autodroschken fahren ohne Limousine: Limousine bezeichnet eigentlich einen geschlossenen Pkw mit festem Dach. Es ist nicht klar, ob Kästner hier einfach offene Wagen meint, d. h. ohne festes Verdeck, oder einen sog. Landaulett, einen geschlossenen Kraftwagen, dessen rückwärtige Überdachung zurückklappbar war. Vor allem Autodroschken (= Taxis) gehörten häufig diesem Wagentypus an.

in Trikots: Badekleidung war damals noch aus maschinengestricktem Wolljersey (und kratzte in nassem Zustand fürchterlich).

19 April, April!

Nachlese zur Nachlese, I, S. 332 f. Erstdruck: *Montag Morgen,* Jg. 7, Nr. 13, 1. 4. 1929.

Die Hühner …: Aktuelle Albumverse II, aus: *Gesang zwischen den Stühlen,* I, S. 213. Erstdruck: *Die Weltbühne,* Jg. 26, Nr. 32, 5. 8. 1930, S. 215, u. d. T. *Aktuelle Albumverse VI.*

Hermann Müller: auch *Müller-Franken,* 1876–1931, Sozialdemokrat, war 1928–1930 der letzte Reichskanzler, der sich auf eine parlamentarische Mehrheit stützen konnte. Danach begann mit Heinrich Brüning die Zeit der Präsidialkabinette.

Zensur: Im März 1929 war die Zensur gegen Marieluise Fleißers Stück *Pioniere in Ingolstadt* vorgegangen.

Zeppelin: Das Luftschiff *LZ 127 Graf Zeppelin,* seit September 1928 in Dienst, absolvierte vom 25.–28. März 1929 eine Orientfahrt.

21 Baumblüten-Philosophie

Der Karneval des Kaufmanns. Gesammelte Texte aus der Leipziger Zeit 1923–1927. Herausgegeben von Klaus Schuhmann. Lehmstedt Verlag, Leipzig 2004, S. 34–36. Erstdruck: *Neue Leipziger Zeitung,* Jg. 3, Nr. 110, 22. 4. 1923. Die verschwenderisch über den Text verstreuten Auslassungspunkte – damals groß in Mode – wurden hier erheblich reduziert.

einen Philosophen …, der behauptete, die Welt … sei die bestmögliche aller denkbaren Welten: Gottfried Wilhelm Leibniz (1646–1716), seit 1676 als herzoglicher Bibliothekar und Rat in Hannover. Ihm zu Ehren nannte die 1889 in Hannover gegründete Keksfabrik Hermann Bahlsens den von ihr produzierten Butterkeks

Leibniz-Keks: Welcher andere Philosoph darf sich rühmen, nach wie vor in so vieler Leute Munde zu sein?
Eines Tages verändert sich das gleichfalls grüne Aussehen der Bäume: Das gilt vor allem für Apfel und Birne. Bei Steinobst – Kirsche, Aprikose, Pfirsich, Pflaume – setzt die Baumblüte in der Regel vor Erscheinen der Blätter ein.
Baumblut: mittelsächsische Dialektform von Baumblüte.
um … mit der Eisenbahn »zurückzustehen«: Weil man wegen Überfüllung keinen Sitzplatz mehr bekommt.

24 Besagter Lenz ist da

Herz auf Taille, I, S. 16 f. Erstdruck: *Vossische Zeitung,* Nr. 72, 24. 3. 1929, Unterhaltungsbeilage. In *Herz auf Taille* ist *Besagter Lenz ist da* erst seit der 2. Auflage im Frühsommer 1929 enthalten. Zusammen mit sieben weiteren Gedichten ersetzte es die u.a. von leitenden Herren des Börsenvereins des Deutschen Buchhandels als obszön beanstandeten Zeichnungen Erich Ohsers.
Pony Hütchen: Emils Kusine in *Emil und die Detektive.* »Pony« war auch der Kosename von Kästners damaliger Freundin Margot Schönlank.

26 Frühling an der Bergstraße

Darmstädter Theaterfrühling, aus: *Neues von Gestern,* VI, S. 530 f. (gekürzt). Erstdruck: *Die Neue Zeitung,* Jg. 2, Nr. 27, 5. 4. 1946, Feuilleton- und Kunstbeilage.
Zwanzigminutenangriff: In der Nacht vom 11. auf den 12. 9. 1944 zerstörte ein Angriff der Royal Air Force 99 Prozent der mittelalterlichen Alt- und Innenstadt.
Via triumphalis: Siegesstraße, Feststraße; im antiken Rom Straße vom Marsfeld zum Kapitol, auf der siegreiche Feldherren einzogen.
Sensheim: Einen Ort dieses Namens gibt es an der Bergstraße nicht. Gemeint ist sicher Bensheim. Kästner zählt die Ortschaften in der Reihenfolge auf, in der er sie, mit der Bahn von Süden kommend, durchfahren hat: Sensheim (d. h. Bensheim), Alsbach, Jugendheim. In Kästners handschriftlichem Manuskript (DLA, Marbach) steht eindeutig Sensheim (Auskunft Silke Becker). Er hat diesen Irrtum nie korrigiert.
Flora: Altitalische Göttin der Pflanzenblüte.

28 Frühlingslächeln

Die Grüne Post, Jg. 3, Nr. 17, 28. 4. 1929.

29 Lustige Ostereier.
Klaus und Kläre schreiben

Beyers für Alle / Kinderzeitung von Klaus und Kläre, Jg. 2, Heft 33, 28. 3. 1929, S. 195 f. (gekürzt). Seit Oktober 1926 publizierte Kästner in *Beyers für Alle* immer wieder unter den Pseudonymen »Klaus«, »Kläre« und »Klaus und Kläre« und setzte seine Mitarbeit auch in der ab 1928 separat erscheinenden *Kinderzeitung* fort. Angesichts der Vielfalt der Themen – von Preisausschreiben, Buchempfehlungen, Beantwortung von Kinderbriefen bis hin zu Bastel- und Handarbeitsanleitungen für Jungen und Mädchen – ist jedoch davon auszugehen, dass Kästner an vielen Beiträgen nur mitgewirkt hat und dass z. B. detaillierte Stick- und Strickanleitungen für Mädchen von Mitarbeitern der Zeitschrift verfasst wurden. Ausführlich hierzu s. Zonneveld, *Bibliographie Erich Kästner,* I, S. 601–603.

Auch die Bastelanleitungen in *Lustige Ostereier* sind wohl kaum aus Kästners Feder. Aber die Texte drumherum – »Ostereiermalen ist nämlich unser Schönstes« – und die so kästnertypischen Namen Kurt und Kurt-Emil zeigen Kästners Handschrift.

Fallekinder: Anrede der jugendlichen Leser der *Kinderzeitung.*

Ostereiermalen: In Süddeutschland (und Südost- und Osteuropa) kennt man eher den Brauch, die Eier zu färben und auf verschiedenste Art zu verzieren.

32 Der Osterausflug

Saarbrücker Zeitung, Jg. 140, Nr. 108, 20. 4. 1930.

35 Die Entlarvung des Osterhasen

VII, S. 177–180. *Interview mit dem Weihnachtsmann.* Kindergeschichten für Erwachsene. Herausgegeben und mit einem Nachwort versehen von Franz Josef Görtz und Hans Sarkowicz. Carl Hanser Verlag, München/Wien 1998, S. 35–39. Erstdruck: *Neue Leipziger Zeitung,* Jg. 5, Nr. 102, 12. 4. 1925.

Fräulein Haubold. »Fräulein Haubold führte die in unserem Haus befindliche Filiale der stadtbekannten Färberei Märksch.« *Als ich ein kleiner Junge war,* VII, 7. Kap., Riesenwellen und Zuckertüten, S. 65.

Bäckermeisterin Wirth: Sie taucht u. a. auf in *Als ich ein kleiner Junge war,* VII, S. 85, als eine der ersten Kundinnen, die sich von Ida Kästner frisieren ließen.

ein Gedicht von Victor Blüthgen oder Ludwig Uhland: Victor Blüthgen (1844–1920) schrieb »anmutige Jugendschriften und Märchen […], Begleitverse zu Bilderbüchern […], auch Novellen und Romane« (*Meyers Lexikon*, 7. Aufl., Bd. 2, 1925). 1880 veröffentlichte er in Leipzig *Gedichte;* in ihnen zeigt er sich – lt. *Meyers Konversations-Lexikon*, 4. Aufl., Bd. 3, 1890 – als »für Formschönheit empfänglicher Dichter«. Heute vermutlich zu Recht vergessen.

Ludwig Uhland (1787–1862), Dichter, Literaturwissenschaftler und Jurist. Betätigte sich politisch u. a. als Vertreter Tübingens in der Ständekammer (1819), Mitglied des oppositionellen württembergischen Landtags (ab 1831), Abgeordneter in der Frankfurter Nationalversammlung (1848/49), wo er die liberale und großdeutsche Richtung vertrat. Schrieb romantisch-biedermeierliche und volksliedhafte Gedichte (»Die linden Lüfte sind erwacht«, »Ich hatt' einen Kameraden«), vor allem aber zahlreiche – eher pathetische – Balladen (*Des Sängers Fluch, Bertran de Born*). Diese waren vor allem bei den Lehrern beliebt, bei den Schülern entschieden weniger.

Musterschüler: Kästner hat sich in vielen Texten mit dem Vorwurf auseinandergesetzt, ein Musterschüler gewesen zu sein (den diskriminierenden Begriff »Streber« gebraucht er in diesem Zusammenhang übrigens nie): so z. B. am Ende des 1. Kapitels von *Emil und die Detektive* (VII, S. 219), in dem Kapitel »Ein Kind hat Kummer« in *Als ich ein kleiner Junge war* (VII, S. 102) und auch in der am wenigsten autobiographisch gefärbten Erzählung *Ein Musterknabe* (VII, S. 167–171).

jener Schritt, mit dem ich über die Schwelle des Klassenzimmers stolperte, dass die Zuckertüte ihre bunte Spitze und ihren süßen Inhalt verlor: Die Szene, die Kästner hier aus erzähldramaturgischen Gründen in die Schule verlegt, ereignete sich – wie in *Als ich ein kleiner Junge war,* VII, S. 65 f. ausführlich und herzzerreißend beschrieben – beim Betreten der Färbereifililale, wo der kleine Erich dem netten Fräulein Haubold seine herrliche Zuckertüte vorführen wollte.

41 Ein nachdenklicher Festgesang

Gemischte Gefühle, Bd. 1, S. 25–27 (gekürzt). Erstdruck: *Neue Leipziger Zeitung,* Jg. 4, Nr. 111, 20. 4. 1924. *Ein nachdenklicher Festgesang* besteht aus drei Teilen: Auf den hier abgedruckten ersten Teil, die missglückte Ostereierbescherung für Mäxchen Meier, folgen ein kürzerer zweiter über einen ältlichen Junggesellen mit Frühlingsgefühlen und ein länglicher dritter Teil über den Osterspaziergang des Ehepaars Lehmann mit seinen ungebärdigen zwei Söhnen.

mit ungestümer Hand: Im Erstdruck steht »ungetümer« – wohl ein Druckfehler. Es ist eher unwahrscheinlich, dass Kästner in diesem im Wilhelm-Busch-Ton gehaltenen Gedicht ein so ausgefallenes Wort verwendet hat. »Ungestümer« ist im Kontext plausibler und passt auch besser zur Illustration dieser Stelle im Erstdruck.

44 *Die missglückte Auferstehung*

Der Karneval des Kaufmanns, S. 74–77. Erstdruck *Leipziger Tageblatt*, Jg. 118, Nr. 96, 20.4.1924, und *Neue Leipziger Zeitung*, Jg. 4, Nr. 111, 20.4.1924. Interessant ist, dass Kästner am Ostersonntag 1924 mit zwei Texten in der *Neuen Leipziger Zeitung* vertreten war: *Ein nachdenklicher Festgesang* stand auf S. 3 bzw. 5 (Stadt- bzw. Postausgabe), *Die missglückte Auferstehung* in der Unterhaltungsbeilage auf S. 17.

Kaufingerstraße: bei Kästner irrtümlich Kauffingerstraße.

48 *Die Bäume schlugen aus*

Interview mit dem Weihnachtsmann, S. 40. Erstdruck: *Beyers für Alle*, Jg. 1, H. 27, 31.3.1927, u. d. Pseud. Peter Flint. *Die Bäume schlugen aus* liest sich wie eine kleine – ironische? – Hommage an Heinrich Heine und dessen zweistrophiges Gedicht *Im wunderschönen Monat Mai*, das man heute vor allem als Eingangslied von Robert Schumanns Zyklus *Dichterliebe* kennt:

Im wunderschönen Monat Mai / als alle Knospen sprangen, / da ist in meinem Herzen / die Liebe aufgegangen.

Im wunderschönen Monat Mai, / als alle Vögel sangen, / da hab ich ihr gestanden / mein Sehnen und Verlangen.

Auch Kästner wiederholt den Strophenanfang, in dem die Jahreszeit benannt wird: »Der Frühling (auch mitunter Lenz genannt) …«, drei von sechs Strophen beginnen wie bei Heine in der 3. Zeile mit dem Wörtchen »da«, und auch bei ihm heißt es, dass die »Knospen sprangen«. In beiden Gedichten umwirbt ein Mann ein Mädchen, bei Kästner vergeblich, bei Heine ist der Ausgang offen.

Rendant: Jemand der in einer Rendantur arbeitet, d. h. in einer Behörde, die Gelder einnimmt und auszahlt, also ein Kassenverwalter oder auch Schatz-, Rent-, Zahlmeister.

50 *Gespräch im Grünen*

Der tägliche Kram, II, S. 165–167 (gekürzt). Erstdruck: *Pinguin*, Jg. 3, H. 5/6, Mai/Juni 1948, S. 1.

Währungsreform: 20. Juni 1948. Zur Wiederherstellung der Währungsstabilität wurde von der Reichsmark auf die Deutsche Mark umgestellt, i. a. im Verhältnis 10:1. Privatpersonen erhielten ein Kopfgeld von 60 DM.

Ginkgo biloba: Ein sommergrüner hoher Baum, der mehrere Hundert Jahre alt und 30–40 m hoch werden kann. Nachweislich seit etwa 200 Millionen Jahren vorkommend, ursprünglich in vielen Teilen der Welt, nach den Eiszeiten nur noch in China und Japan. Seit dem 18. Jahrhundert reimportiert als exotisches Gehölz für die in Mode kommenden Landschaftsgärten.

Goethe hat darüber geschrieben … Brachte ein Exemplar des Baums nach Weimar: Goethe lernte Ginkgo biloba durch einen Hofgärtner in Weimar kennen, der um 1800 mit der Anzucht von Ginkgos begann. Der sogenannte Goethe-Ginkgo, der noch heute an der Südostseite des ehemaligen Fürstenhauses steht, wurde erst 1820 gepflanzt – nicht von Goethe.

Das Gedicht *Ginkgo biloba* aus dem *Buch Suleika* des *West-östlichen Divans* entstand im September 1815, als Goethe sich mehrere Wochen in Heidelberg und Frankfurt aufhielt und in den Gärten von Frankfurter Freunden wie auch auf der Heidelberger Schlossterrasse die damals schon gut zwanzigjährigen, 3 bis 4 m hohen Ginkgobäume erlebte.

Schon im Vorjahr, 1814, hatte er bei einem längeren Aufenthalt im Rhein-Main-Gebiet die junge Frau des mit ihm befreundeten Geheimen Rats Johann Jakob von Willemer kennen gelernt. Die 24 Jahre jüngere Marianne von Willemer »brachte Goethe eine von ihm sehr bald erwiderte schwärmerische Verehrung und Neigung entgegen«. Die Atmosphäre hochgestimmter Freundschaft inspirierte Goethe zu den Gedichten des *West-östlichen Divans,* in denen die Beziehung zwischen ihm und Marianne von Willemer »in dem Liebespaar Hatem und Suleika unsterblich wurde«. (Zitate aus: Johann Wolfgang von Goethe, *West-oestlicher Divan,* Stuttgart 1919. Hrsg. von Joseph Kiermeier-Debre, Deutscher Taschenbuch Verlag, München 1997, Nachwort, S. 246 f.)

In dem Gedicht *Ginkgo biloba* wird das tief eingekerbte Blatt dieses Baums *(biloba,* lat. = zweilappig), das fast aus zwei Blättern zusammengewachsen scheint, zum Sinnbild der Liebenden: »Fühlst du nicht an meinen Liedern / Dass ich Eins und doppelt bin?«

52 *Osterfestrede*

Berliner Zeitung am Mittag, Jg. 55, Nr. 79, 4.4.1931.
Das am 21.4.1930 in der Wochenzeitung *Montag Morgen* erschienene Gedicht *Osterpredigt* ist eine frühere Fassung, jedoch ohne Erwähnung des Lehrers Bremser. Die letzten vier Strophen von *Osterfestrede* sind weitgehend wortgleich mit den ersten vier von *Osterpredigt.*

54 Über Vorworte und Vorgärten

Als ich ein kleiner Junge war, Kein Buch ohne Vorwort, VII, S. 9 f. (gekürzt). Erstdruck: *Als ich ein kleiner Junge war.* Roman, Atrium-Verlag, Zürich 1957.

55 Erich Kästners Gartenplan

Bleistiftzeichnung auf Karopapier in einem schwarzen DIN A4-Ringbuch, als erstes und einziges beschriftetes Blatt. Entworfen um 1958, als Kästner das von ihm und Luiselotte Enderle bewohnte Haus in der Flemingstraße 52 im Münchner Herzogpark kaufte und das angrenzende Grundstück jenseits des Brunnbachs dazu erwerben konnte.

57 Das Mandelbäumchen

Nachlese, I, S. 253. Erstdruck: *Düsseldorfer Volkszeitung,* Nr. 21, 25.5.1953.
Prunus trilosa: Richtig heißt es Prunus triloba. Das Schildchen war wohl falsch beschriftet.

58 Mäxchen Pichelsteiner im Maiglöckchentopf

Der kleine Mann, VIII, S. 450. Erstdruck: *Der kleine Mann.* Roman für Kinder, Atrium-Verlag, Zürich 1963. Warum der Kleine Mann im Text groß- und im Titel kleingeschrieben ist, ist unklar.
Jetzt liegt Schnee: Foto im Deutschen Literaturarchiv, Marbach.

60 Paula vorm Haus

Das Schwein beim Friseur, VIII, S. 385–387. Erstdruck: *Münchner Merkur, Merkur am Sonntag,* 23./24.4.1955.
Aberration: Irrtum, Verirrung.

64 Der Mai

Die dreizehn Monate, I, S. 305 f. Erstdruck: *Süddeutsche Zeitung,* 2./3.5.1953.

Bildnachweis

Thomas Kästner: 11, 55.

Dank

Wie immer danke ich Johan Zonneveld, ohne dessen verlässliche und freundschaftliche Unterstützung Bücher wie dieses kaum zu machen wären. Mein herzlicher Dank gilt auch Silke Becker vom Deutschen Literaturarchiv, deren große Hilfsbereitschaft mir die Arbeitstage in Marbach ganz außerordentlich erleichtert hat.

Erich Kästner, 1899 in Dresden geboren, begründete gleich mit seinen ersten beiden Büchern seinen Weltruhm: *Herz auf Taille* (1928) und *Emil und die Detektive* (1929). Nach der Machtübernahme der Nationalsozialisten wurden seine Bücher verbrannt, er erhielt Publikationsverbot, sein Werk erschien nunmehr in der Schweiz beim Atrium Verlag. Erich Kästner erhielt zahlreiche literarische Auszeichnungen, u.a. den Georg-Büchner-Preis. Er starb 1974 in München.

Sylvia List, geboren in Hamburg, Studium der Slawistik und Osteuropäischen Geschichte, arbeitete als Verlagslektorin und Übersetzerin. Heute freie Herausgeberin, u. a. von *Das große Erich Kästner Lesebuch, Kästner im Schnee, Meine Mutter zu Wasser und zu Lande, Morgen, Kinder, wird's nichts geben* und *Zwischen hier und dort.* Sie lebt in München.

Kästner verschenken, denn:

Zwischen hier und dort
Reisen mit Erich Kästner
Gelesen von Ulrich Noethen, Ursula Illert,
Walter Kreye und Hans Peter Korff
1 CD, Lauflänge ca. 72 min
14,95 € [D] / 15,40 € [A]
ISBN 978-3-85535-387-3

Zwischen hier und dort
Reisen mit Erich Kästner
Herausgegeben von Sylvia List
176 Seiten. Gebunden
12,– € [D] / 12,40 € [A]
ISBN 978-3-85535-384-2